ESSAY PLANNER

_____

_____

DEDICATION

This Essay Planner Book is dedicated to all the students out there who want to plan a their essay and document their findings in the process.

You are my inspiration for producing books and I'm honored to be a part of keeping all of your essay planning notes and records organized.

This journal notebook will help you record the details of your essay planning.

Thoughtfully put together with these sections to record: Title, Subject, Due Date, Word Count, Paragraph & Body 1, Paragraph & Body 2, Paragraph & Body 3, Conclusion, References & Resources, & Notes.

HOW TO USE THIS BOOK

The purpose of this book is to keep all of your essay planning notes all in one place. It will help keep you organized.

This Essay Planner Book will allow you to accurately document every detail about your Essay planning.

Here are examples of the prompts for you to fill in and write about your experience in this book:

1. Title

2. Subject

3. Due Date

4. Word Count

5. Paragraph 1 & Body

6. Paragraph 2 & Body

7. Paragraph 3 & Body

8. Conclusion

9. References & Resources

10. Notes

ESSAY PLANNER

TITLE

FOR SUBJECT

DUE DATE

WORD COUNT

PARAGRAPH 1	PARAGRAPH 2	PARAGRAPH 3

BODY	BODY	BODY

CONCLUSION

RESOURCES

ESSAY PLANNER

TITLE

FOR SUBJECT

DUE DATE   WORD COUNT

PARAGRAPH 1	PARAGRAPH 2	PARAGRAPH 3

BODY	BODY	BODY

CONCLUSION

RESOURCES

NOTES

ESSAY PLANNER

TITLE

FOR SUBJECT

DUE DATE   **WORD COUNT**

PARAGRAPH 1	PARAGRAPH 2	PARAGRAPH 3

BODY	BODY	BODY

CONCLUSION

RESOURCES

NOTES

ESSAY PLANNER

TITLE

FOR SUBJECT

DUE DATE   **WORD COUNT**

PARAGRAPH 1	PARAGRAPH 2	PARAGRAPH 3

BODY	BODY	BODY

CONCLUSION

RESOURCES

NOTES

ESSAY PLANNER

TITLE

FOR SUBJECT

DUE DATE   WORD COUNT

PARAGRAPH 1	PARAGRAPH 2	PARAGRAPH 3

BODY	BODY	BODY

CONCLUSION

RESOURCES

NOTES

ESSAY PLANNER

TITLE

FOR SUBJECT

DUE DATE

WORD COUNT

PARAGRAPH 1	PARAGRAPH 2	PARAGRAPH 3

BODY	BODY	BODY

CONCLUSION

RESOURCES

NOTES

ESSAY PLANNER

TITLE

FOR SUBJECT

DUE DATE   WORD COUNT

PARAGRAPH 1	PARAGRAPH 2	PARAGRAPH 3

BODY	BODY	BODY

CONCLUSION

RESOURCES

NOTES

ESSAY PLANNER

TITLE

FOR SUBJECT

DUE DATE

WORD COUNT

PARAGRAPH 1	PARAGRAPH 2	PARAGRAPH 3

BODY	BODY	BODY

CONCLUSION

RESOURCES

NOTES

ESSAY PLANNER

TITLE

FOR SUBJECT

DUE DATE   WORD COUNT

PARAGRAPH 1	PARAGRAPH 2	PARAGRAPH 3

BODY	BODY	BODY

CONCLUSION

RESOURCES

NOTES

ESSAY PLANNER

TITLE

FOR SUBJECT

DUE DATE   WORD COUNT

PARAGRAPH 1	PARAGRAPH 2	PARAGRAPH 3

BODY	BODY	BODY

CONCLUSION

RESOURCES

NOTES

ESSAY PLANNER

TITLE

FOR SUBJECT

DUE DATE   WORD COUNT

PARAGRAPH 1	PARAGRAPH 2	PARAGRAPH 3

BODY	BODY	BODY

CONCLUSION

RESOURCES

NOTES

ESSAY PLANNER

TITLE	

FOR SUBJECT	

DUE DATE	WORD COUNT

PARAGRAPH 1	PARAGRAPH 2	PARAGRAPH 3

BODY	BODY	BODY

CONCLUSION

RESOURCES	

NOTES

ESSAY PLANNER

TITLE

FOR SUBJECT

DUE DATE

WORD COUNT

PARAGRAPH 1	PARAGRAPH 2	PARAGRAPH 3

BODY	BODY	BODY

CONCLUSION

RESOURCES

NOTES

ESSAY PLANNER

TITLE

FOR SUBJECT

DUE DATE

WORD COUNT

PARAGRAPH 1	PARAGRAPH 2	PARAGRAPH 3

BODY	BODY	BODY

CONCLUSION

RESOURCES

NOTES

ESSAY PLANNER

TITLE

FOR SUBJECT

DUE DATE　　　　　　　**WORD COUNT**

PARAGRAPH 1	PARAGRAPH 2	PARAGRAPH 3

BODY	BODY	BODY

CONCLUSION

RESOURCES

NOTES

ESSAY PLANNER

TITLE

FOR SUBJECT

DUE DATE   WORD COUNT

PARAGRAPH 1	PARAGRAPH 2	PARAGRAPH 3

BODY	BODY	BODY

CONCLUSION

RESOURCES

NOTES

ESSAY PLANNER

TITLE

FOR SUBJECT

DUE DATE

WORD COUNT

PARAGRAPH 1	PARAGRAPH 2	PARAGRAPH 3

BODY	BODY	BODY

CONCLUSION

RESOURCES

NOTES

ESSAY PLANNER

TITLE	

FOR SUBJECT	

DUE DATE		WORD COUNT	

PARAGRAPH 1	PARAGRAPH 2	PARAGRAPH 3

BODY	BODY	BODY

CONCLUSION

RESOURCES	

NOTES

ESSAY PLANNER

TITLE

FOR SUBJECT

DUE DATE **WORD COUNT**

PARAGRAPH 1	PARAGRAPH 2	PARAGRAPH 3

BODY	BODY	BODY

CONCLUSION

RESOURCES

NOTES

ESSAY PLANNER

TITLE

FOR SUBJECT

DUE DATE   WORD COUNT

PARAGRAPH 1	PARAGRAPH 2	PARAGRAPH 3

BODY	BODY	BODY

CONCLUSION

RESOURCES

NOTES

ESSAY PLANNER

TITLE

FOR SUBJECT

DUE DATE

WORD COUNT

PARAGRAPH 1	PARAGRAPH 2	PARAGRAPH 3

BODY	BODY	BODY

CONCLUSION

RESOURCES

NOTES

ESSAY PLANNER

TITLE

FOR SUBJECT

DUE DATE   WORD COUNT

PARAGRAPH 1	PARAGRAPH 2	PARAGRAPH 3

BODY	BODY	BODY

CONCLUSION

RESOURCES

NOTES

ESSAY PLANNER

TITLE

FOR SUBJECT

DUE DATE   WORD COUNT

PARAGRAPH 1	PARAGRAPH 2	PARAGRAPH 3

BODY	BODY	BODY

CONCLUSION

RESOURCES

NOTES

ESSAY PLANNER

TITLE

FOR SUBJECT

DUE DATE	WORD COUNT

PARAGRAPH 1	PARAGRAPH 2	PARAGRAPH 3

BODY	BODY	BODY

CONCLUSION

RESOURCES

ESSAY PLANNER

TITLE

FOR SUBJECT

DUE DATE

WORD COUNT

PARAGRAPH 1	PARAGRAPH 2	PARAGRAPH 3

BODY	BODY	BODY

CONCLUSION

RESOURCES

NOTES

ESSAY PLANNER

TITLE

FOR SUBJECT

DUE DATE   WORD COUNT

PARAGRAPH 1	PARAGRAPH 2	PARAGRAPH 3

BODY	BODY	BODY

CONCLUSION

RESOURCES

NOTES

ESSAY PLANNER

TITLE

FOR SUBJECT

DUE DATE   WORD COUNT

PARAGRAPH 1	PARAGRAPH 2	PARAGRAPH 3

BODY	BODY	BODY

CONCLUSION

RESOURCES

ESSAY PLANNER

TITLE

FOR SUBJECT

DUE DATE

WORD COUNT

PARAGRAPH 1	PARAGRAPH 2	PARAGRAPH 3

BODY	BODY	BODY

CONCLUSION

RESOURCES

NOTES

ESSAY PLANNER

TITLE

FOR SUBJECT

DUE DATE

WORD COUNT

PARAGRAPH 1	PARAGRAPH 2	PARAGRAPH 3

BODY	BODY	BODY

CONCLUSION

RESOURCES

NOTES

ESSAY PLANNER

TITLE

FOR SUBJECT

DUE DATE   **WORD COUNT**

PARAGRAPH 1	PARAGRAPH 2	PARAGRAPH 3

BODY	BODY	BODY

CONCLUSION

RESOURCES	

ESSAY PLANNER

TITLE

FOR SUBJECT

DUE DATE

WORD COUNT

PARAGRAPH 1	PARAGRAPH 2	PARAGRAPH 3

BODY	BODY	BODY

CONCLUSION

RESOURCES

ESSAY PLANNER

TITLE

FOR SUBJECT

DUE DATE **WORD COUNT**

PARAGRAPH 1	PARAGRAPH 2	PARAGRAPH 3

BODY	BODY	BODY

CONCLUSION

RESOURCES

NOTES

ESSAY PLANNER

TITLE

FOR SUBJECT

DUE DATE **WORD COUNT**

PARAGRAPH 1	PARAGRAPH 2	PARAGRAPH 3

BODY	BODY	BODY

CONCLUSION

RESOURCES

NOTES

ESSAY PLANNER

TITLE

FOR SUBJECT

DUE DATE   WORD COUNT

PARAGRAPH 1	PARAGRAPH 2	PARAGRAPH 3

BODY	BODY	BODY

CONCLUSION

RESOURCES

NOTES

ESSAY PLANNER

TITLE

FOR SUBJECT

DUE DATE

WORD COUNT

PARAGRAPH 1	PARAGRAPH 2	PARAGRAPH 3

BODY	BODY	BODY

CONCLUSION

RESOURCES

ESSAY PLANNER

TITLE

FOR SUBJECT

DUE DATE

WORD COUNT

PARAGRAPH 1	PARAGRAPH 2	PARAGRAPH 3

BODY	BODY	BODY

CONCLUSION

RESOURCES

NOTES

ESSAY PLANNER

TITLE

FOR SUBJECT

DUE DATE   WORD COUNT

PARAGRAPH 1	PARAGRAPH 2	PARAGRAPH 3

BODY	BODY	BODY

CONCLUSION

RESOURCES

NOTES

ESSAY PLANNER

TITLE

FOR SUBJECT

DUE DATE **WORD COUNT**

PARAGRAPH 1	PARAGRAPH 2	PARAGRAPH 3

BODY	BODY	BODY

CONCLUSION

RESOURCES

NOTES

ESSAY PLANNER

TITLE

FOR SUBJECT

DUE DATE

WORD COUNT

PARAGRAPH 1	PARAGRAPH 2	PARAGRAPH 3

BODY	BODY	BODY

CONCLUSION

RESOURCES

NOTES

ESSAY PLANNER

TITLE

FOR SUBJECT

DUE DATE   WORD COUNT

PARAGRAPH 1	PARAGRAPH 2	PARAGRAPH 3

BODY	BODY	BODY

CONCLUSION

RESOURCES

NOTES

ESSAY PLANNER

TITLE

FOR SUBJECT

DUE DATE

WORD COUNT

PARAGRAPH 1	PARAGRAPH 2	PARAGRAPH 3

BODY	BODY	BODY

CONCLUSION

RESOURCES

NOTES

ESSAY PLANNER

TITLE

FOR SUBJECT

DUE DATE

WORD COUNT

PARAGRAPH 1	PARAGRAPH 2	PARAGRAPH 3

BODY	BODY	BODY

CONCLUSION

RESOURCES

NOTES

ESSAY PLANNER

TITLE

FOR SUBJECT

DUE DATE

WORD COUNT

PARAGRAPH 1	PARAGRAPH 2	PARAGRAPH 3

BODY	BODY	BODY

CONCLUSION

RESOURCES

NOTES

ESSAY PLANNER

TITLE

FOR SUBJECT

DUE DATE   WORD COUNT

PARAGRAPH 1	PARAGRAPH 2	PARAGRAPH 3

BODY	BODY	BODY

CONCLUSION

RESOURCES

NOTES

ESSAY PLANNER

TITLE

FOR SUBJECT

DUE DATE

WORD COUNT

PARAGRAPH 1	PARAGRAPH 2	PARAGRAPH 3

BODY	BODY	BODY

CONCLUSION

RESOURCES

NOTES

ESSAY PLANNER

TITLE

FOR SUBJECT

DUE DATE

WORD COUNT

PARAGRAPH 1	PARAGRAPH 2	PARAGRAPH 3

BODY	BODY	BODY

CONCLUSION

RESOURCES

NOTES

ESSAY PLANNER

TITLE

FOR SUBJECT

DUE DATE

WORD COUNT

PARAGRAPH 1	PARAGRAPH 2	PARAGRAPH 3

BODY	BODY	BODY

CONCLUSION

RESOURCES

NOTES

ESSAY PLANNER

TITLE

FOR SUBJECT

DUE DATE   WORD COUNT

PARAGRAPH 1	PARAGRAPH 2	PARAGRAPH 3

BODY	BODY	BODY

CONCLUSION

RESOURCES

NOTES